KB071828

증산 강일순이 꿈꾼 새로운 사회

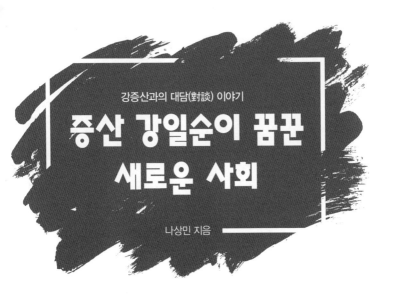

강증산과의 대담(對談) 이야기

증산 강일순이 꿈꾼
새로운 사회

나상민 지음

지식공감

증산 강일순,
새로운 사회를 꿈꾸다

어느 날 문득 꿈에서 그를 만났다. 단아한 흰색 도포를 입은 증산은 무척 맑은 표정이었다. 나는 할 말이 너무 많아 도대체 무슨 말부터 꺼내야 할지? 그 흥분과 기쁨은 이루 말할 수 없었다. 나는 장시간 그와 이야기를 나누며 풀리지 않았던 천지공사(天地公事) 사상을 깊이 이해하게 되었다. 정말 너무도 생생한 일이라 이루 말할 수 없는 감동이 밀려왔다.

이 책은 강증산 사상을 바탕으로 앞으로 실현될 남조선(南朝鮮) 세상에 대한 이야기를 대담 형식으로 꾸민 것이다. 꿈을 꾸었다는 것도 역시 지어낸 말이다. 다만, 필자는 지어낸 이야기를 그럴듯하게 엮어, 증산 사상을 드러내 보이고자 했다. 부족한 점이 한둘이 아니다. 특히 증산이 직접 언급하지 않은 내용들도 많이 들어가 있다. 하지만 "모든 역사는 현대사다."라는 말이 있다. 강증산의 개벽 사상을 현실에 맞게 살펴보지 않는다면, 도대체 강증산의 존재 이유가 무어란 말인가. 필자는 증산의 종교 정신을 바탕으로 현실 세계를 사람이 살기 좋은 세상으로 만들고 싶다. 그러자면 강증산 사상에 대한 대중화가 필요하다는 것을 여러 차례 절감했다.

먼저, '증산 강일순'이라는 존호(尊號)와 이름을 세상에 널리 알려야겠다고 생각했다. 그리고 다양한 방식으로 책을 많이 발간해야겠다고 다짐했다. 이 책은 이러한 필자의 문제의식의 발로다. 필자는 앞으로 도래할 새로운 사회의 비전을 조금이나마 글로써 세상에 알리고 싶었다. 신세대 증산교도로서 이런 세상이 사람이 살기에 좋은 것이 아니겠는가, 라는 나름의 기대를 이 책에 담아 보았다. 솔직히 부족한 점이 한둘이 아니다. 하지만 이 책에서 나름 살아갈 힘을 얻는 독자가 한 사람이라도 있다면, 필자는 그것만으로도 만족이다. 자, 새로운 사회는 어떤 모습일까. 강증산과 함께 그 여행을 떠나보자.

차례

꿈은 반드시 이루어진다

1

강증산, 꿈에 나타나다

나는 요즘 불법 현수막 철거 일을 하고 있다. 하루하루 부지런히 몸을 움직여야 먹고살 수 있다. 고단한 노동이기에 한번 잠자리에 들면 깊은 잠에 빠져든다. 한데 어느 날, 나는 꿈에서 강증산을 만났다. 너무나 놀랍고 기쁜 나머지 나는 "상제님!" 하며 탄성을 질렀다. 강증산은 그런 나를 너무도 흐뭇한 표정으로 바라보았다. 이윽고 그는 자신과 동행하자고 말했다. 나는 어찌할 바를 몰랐다. 하지만 곧 정신을 차리고 그의 눈을 조용히 바라보았다. 그의 맑은 눈을 바라보니, 그윽한 평화가 찾아왔다.

하지만 나는 이러한 개인의 행복감에 젖어 있을 수만은 없었다. 나는 이제껏 궁금했던 질문들을 쏟아내었다.

특히 앞으로 오는 세상, 새로운 사회에 대해 많은 질문과 대화를 나눌 수 있었다. 이를 통해 나는 증산교도로서의 긍지와 자신감을 크게 회복할 수 있었다. 다음은 강증산과 나눈 대화를 정리한 것이다.

나상민: 상제님! 상제님! 어인 일로 이렇게 오셨나이까? 이것이 꿈은 아니지요, 상제님?

강증산: '상제(上帝)'라는 말이 버겁게 느껴지는구나. 그냥 편하게 '형님'으로 부르거라. 상제라는 말을 가지고 장사를 해먹는 도둑놈들 때문에 상제라는 말이 불편하구나. 정 그러하면 하늘님이라 불러라.

나상민: 알겠습니다. 그러면 송구하지만, 형님으로 부르겠습니다.

강증산: 그래 좋다. 내가 너를 보고자 한 것은 개벽에 대해, 새로운 사회에 대해 네가 하도 궁금해하

고 답답함을 느끼는 것 같아 가르침을 주고자 함이다. 궁금한 게 있으면 물어보도록 해라.

나상민: 형님, 여기저기서 경제가 어렵다고 난리입니다. 열심히 일해도 희망이 보이지 않는 민중들이 잘사는 길은 없는지요?

강증산: 지금도 결코 못사는 것이 아니다. 다만, 인간들이 지나친 탐욕에 빠져 물욕(物慾)만을 추구하는 것이 안타깝구나. 부익부 빈익빈 현상을 타파해야 하는데, 그러기 위해선 민중들이 더 지성적이고 정치의식이 높아져야 하겠지.

나상민: 형님, 제 개인적인 생각으로는 한국 사회가 이제는 최소 북유럽식 복지국가, 최대 사회주의 혁명(새로운 사회)으로 나아가야 하는 것이 아닌가 하는 생각이 듭니다. 민중들은 그동안 지배자들에게 '개·돼지' 취급을 당하며 하루하루를 힘겹게 연명해 왔습니다. 이제 민중들은 행복하게 살 일만 남은 것이 아닌가 합니다.

강증산: 음……. 내가 천지공사 운동을 전개할 때는 최소한 북유럽식의 복지국가를 넘어서는, 살기 좋은 세상이 조선 땅에 펼쳐지리라는 걸 조금도 의심하지 않았어. 모든 민중이 생존의 문제로 고통받지 않는 새 세상이 열리리라고 확신했지. 한데 이런 나의 예상을 비웃기라도 하듯, 조선 땅엔 못된 놈들만 권좌에 올라 민중들을 괴롭혔지. 오히려 남조선의 이상은 한때는 소련에서 실현되는 듯하더니, 북유럽에서 사민주의라는 이름으로 복지사회를 이룩하더란 말이지.

나상민: 그렇습니까?

강증산: 참 안타까운 일이야. 내 제자라는 것들도 참으로 한심하다는 생각뿐이야. 그래서 스승으로서 너무도 부끄럽네. 내가 내 제자들을 잘못 가르쳤어. 다 내 잘못이야. 내 제자라는 놈들이 하나같이 도둑놈 심보야. 다 자기들이 무슨 도수(度數)를 맡았다고 자기를 떠받들라

고만 하고 있으니. 그리고 황제병(皇帝病) 걸린 인간들이 너무 많아서. 아! 이제는 이 '상제'라는 말도 듣기가 거북하더군. 난 이 세상을 살아가는 모든 민중이 누구 하나 착취당하지 않고 행복하게 살아가는 이상 세계를 꿈꿨다고. 그래서 내 주요 가르침이 해원상생(解冤相生)이야. 한데 나를 팔아먹고 사는 놈들은 많고, 정말 내 정신으로 살아가는 인간은 없더란 말이지.

나상민: 형님, 너무도 부끄럽고 송구스럽습니다. 저는 그것도 모르고 형님을 원망한 적이 한두 번이 아닙니다. 형님이 보신 천지공사의 참뜻이, 제가 생각한 것과 크게 다르지 않으니 정말 기쁩니다.

강증산: 그렇고말고. 난 사디스트 하늘님이 아니란다. 인간들의 고통을 즐기는 그런 잔인한 하늘님이 결코 아니야. 난 요즘 천상에서 너무도 부끄러워 체면이 말이 아니야. 내 도문(道門)에서

종교적 견해가 다르다는 이유로 조직적인 살인(殺人)이 저질러졌으니, 내가 종교 문화의 신명(神明)들을 볼 면목이 없어. 도대체 있을 수 있는 일이야. 내 문하에서 살인이 저질러지다니.

나상민: 형님, 너무 비통해하지 마십시오. 그래도 몇몇 뜻있는 증산교도들이 목숨을 돌보지 않고 불의(不義)에 맞서 싸웠습니다. 그리고 판결문을 읽어 보니, 그 불의한 행위가 어느 정도 진실이 드러나 인터넷에도 공개되었습니다. 미흡한 측면이 있지만, 이러한 의인들의 투쟁으로 말미암아 진실이 세상에 드러났습니다.

강증산: 음……. 그건 나도 알고 있다. 너는 무엇을 했느냐?

나상민: 저는 특별히 한 일이 없습니다. 저도 처음 듣는 일이라 몹시 당혹스러웠습니다. 아무리 생각해 봐도 지금의 증산교단은 형님의 뜻과는 다르게 돌아가고 있다는 생각이 듭니다. 그래

서 홀로 형님의 가르침을 묵상하며, 홀로 청수(淸水)를 모시며 공부하고 있습니다. 다만, 형님의 가르침을 왜곡하여 형님을 욕되게 하는 게 아닌가 두려울 따름입니다.

강증산: 그래. 내 일찍이 너를 찬찬히 살펴보았다. 아우야, 성사재인(成事在人)이라 하지 않았더냐. 진인사대천명(盡人事待天命)의 시대는 이제 끝났다. 사람이 최선을 다하고 천명(天命)을 기다린다? 웃기는 소리다. 이제는 성사재인이다. 즉, 사람이 일을 이루는 것이다. 모든 것이 살아 있는 사람에게 달려 있다는 말이다. 알아듣겠느냐? 새로운 사회를 만드는데, 너의 창조성과 주체력(主體力)을 모두 사용하여 해원상생의 새 세상을 건설해야 하는 시대다. 이것이 개벽의 참뜻이다. 알겠느냐?

나상민: 아! 듣기만 해도 가슴이 벅차오릅니다. 형님의 마음이 제 마음이요, 제 마음이 형님 마음과 하나라는 확신이 듭니다.

강증산: 아우야, 내가 조선에 새 세상을 열고, 이를 모델로 하여 우주를 한 가족으로 만들겠다는 원대한 구상을 한 것이 천지공사다. 한데 그러한 세상의 원형을 만든 것이 누군 줄 아느냐? 북유럽의 사민주의 복지국가들이다. 사람들이 살기 좋은 세상을 성사재인한 것이 북유럽이란 말이다. 지금 한국의 형세가 어떠하냐? 나만 잘살자고, 나만이라도 안정된 일자리를 가지자고 공무원 시험 준비에만 연연하고 있는 것이 한국 청년들의 현실이 아니더냐. 핀란드에서는 한때 학생들이 가난하고 약한 자를 국가가 그대로 방치하면 안 된다고 혁명을 일으킨 적이 있었다. 들어는 보았느냐?

나상민: 네, 들어 보았습니다. 정말 형님의 해원상생 사상이 핀란드에서 현실화된 것이 아닌가 하는 생각이 들었습니다.

강증산: 도무지 왜 이렇게 조선은 꽉 막혔는지. 남한도 북한도 도무지…… 답답하기만 하구나.

나상민: 그러게 말입니다. 우물 안의 개구리처럼, 우리 민중들이 전 세계를 내다보는 안목이 부족하다는 생각이 듭니다.

강증산: 지식이 중요한 것이 아니다. 사회적 명성이 중요한 것은 더더욱 아니다. 지금 이 사회를 이끌고 있는 사람들이 지식이 없어서 세상이 이 모양인 것은 아니지 않으냐. 사람은 정직해야 한다. 또한, 진실해야 한다. 얼마 전 국회 청문회에서 소위 명문대 교수라는 사람들이 거짓말을 밥 먹듯이 하는 걸 너도 똑똑히 보지 않았느냐? 그들이 지식이 부족해서 그런 짓을 한다고 보느냐? 우리 사회에 그런 자들이 우글우글한 것이 문제 아니겠느냐.

나상민: 지당한 말씀입니다. 저도 괴롭기만 합니다.

강증산: 아우야, 세속을 살아 보니 어떠하더냐? 살 만하더냐?

나상민: 형님, 전 요즘 그냥 조용히 살아가고 있습니

다. 쉬는 날엔 주로 산책과 독서로 소일하는 편입니다. 예전엔 친구들도 더러 만나고, 세상 사람들과 어울려 이야기도 나누었지만, 다 부질없다는 생각이 듭니다. 기본적으로 인간의 욕구가 동일하기에 대개 인간들이 거기서 거기라는 생각이 듭니다. 돈, 여자, 생계 이야기 등이 주류를 이룹니다.

강증산: 그럴 것이다. 하지만 너무 외롭지 않느냐?

나상민: 예전엔 혼자 지내는 것이 견디기 힘들었습니다. 한데 어느 순간부터는 오히려 혼자 있는 시간이 더 행복하고 편안해졌습니다. 저는 주색잡기(酒色雜技)를 끊었는데, 오히려 생활이 단순해지고 평화가 찾아왔습니다. 쓸데없는 잡념이 사라지더군요.

강증산: 네가 이제야 도(道)의 맛을 조금씩 음미하게 되었구나. 나의 가르침은 담백한 것이다. 자극적인 쾌락을 추구하는 것이 진리가 아님을 명

심해야 한다. 담박한 삶의 자세로 검소하게 도학(道學)을 탐구하는 것이 진리의 길임을 잊지 말아야 한다.

나상민: 네, 명심하겠습니다.

2

저성장 시대를 사는 법

나상민: 경제가 너무 어렵다고 하는데 어떻게 사는 것
이 잘사는 길입니까?

강증산: 지금 경제가 저성장 시대라고 하지 않더냐! 이
제는 욕심을 줄여야 하는 시대다. 자기가 버
는 한도 내에서 삶을 꾸려가려고 노력해야 한
다. 물론 신자유주의적 자본주의를 극복하
는 문제도 시급하다. 국가가 부(富)의 재분배
에 힘써야 하겠지. 그러기 위해선 그런 마인드
를 가진 정치 세력이 민중의 지지를 받아 권력
을 잡아야 한다. 민중은 이제 자기 비하와 패
배주의를 극복해야 해. 모든 민중이 행복하게
살 권리가 있음을 공공연하게 주장해야 한다

고 봐. 다시 말해, 행복이나 쾌락을 미래의 어느 시점에 누릴 수 있는 그 무엇으로 보면 안 된다는 거야.

나상민: 맞습니다. 저도 그렇게 생각합니다. 고생 끝에 낙(樂)이 오는 것이 아니라, 고생 끝에 죽음이라는 생각이 듭니다. 제가 2016년 1월에 일을 그만두고 1년간 쉬면서 책을 쓴 것도, 하고 싶은 걸 뒤로 미루다간 영영 남의 인생만 살다 갈 거라는 생각이 들어서였습니다.

강증산: 사람들은 자꾸만 돈을 모으려고 해. 미래를 위해서, 미래를 위해서. 하지만 미래가 현재가 되면 만족을 못 하고, 또다시 미래를 위해서 오늘을 희생하지. 너도 미래를 위해서 열심히 돈을 모았지만, 결국 네가 하고 싶은 일을 하지 못한 채 돈의 노예로 살아온 거지, 안 그래?

나상민: 맞습니다. 제가 인력회사에서 일용직 노동자로 일할 때 문득 이런 생각이 들었습니다. 어

떤 현장에서 일하다가 언제 죽을지 모르는 것
이 지금의 세상이라는 생각이 들었습니다. 죽
음이 늘 가까이 있다는 긴장감이 들었습니다.
이렇게 살 바에야 하고 싶은 거나 하고 죽자고
생각했습니다. 그래서 책 세 권을 낼 수 있었
습니다.

강증산: 장하다. 하지만 책을 낸 것만 가지고 자족(自
足)하진 마라. 남 잘되게 하라는 내 가르침을
세상에 펼치도록 하여라.

나상민: 예, 알겠습니다. 하지만 저는 체력도 약하고
돈도 별로 없고, 하여간 너무나 열악합니다.
하루하루 생계를 이어가는 것도 버거운 삶입
니다. 제가 어찌 형님의 뜻을 세상에 펼칠 수
있겠습니까?

강증산: 아우야, 너는 어찌 그토록 믿음이 허약하냐?
아니, 믿음이 그토록 없느냐? 너 또한 네가
그토록 비판하고 있는 기존의 증산교도들과

하나도 다를 바가 없지 않느냐. 너 또한 나에 대한 믿음보다는 세속적 기준에 너무도 연연하고 있구나.

나상민: 네, 맞습니다. 저도 믿음이 부족한 속물이라는 생각이 듭니다.

강증산: 너 자신을 믿어라. 그리고 나를 믿어라. 네 마음이 내 마음임을 조금도 의심하지 말거라. 일심(一心)을 가지라고 늘 당부하지 않았느냐. 일심해라. 일심하면 안 되는 일이 없다. 부족하긴 해도, 그나마 네가 한결같은 마음이었기에 책도 세 권이나 나올 수 있었던 것 아니더냐?

나상민: 부끄럽고 송구할 따름입니다. 일심으로 살겠습니다.

강증산: 지금 이 세상에서 나를 믿는다는 자들이 얼마나 믿음이 부족한지, 그들은 사실상 나를 믿는 것이 아니라, 돈을 믿으며 살고 있다. 너 또한 그렇지 않느냐. 나에 대한 믿음이 없으

니, 내 세상은 누가 만들어주겠느냐. 사람이 없구나, 사람다운 사람이 없어!

나상민: 저 또한 돈을 숭배하며 살고 싶지는 않습니다. 하지만 이 사회는 자본주의사회이고 돈이 있어야 살 수 있지 않습니까. 제가 쓴『해원상생의 종교가, 증산 강일순』에 무소유에 대해 언급을 했지만, 그건 사실 불가능에 가까운 종교적 꿈이 아닐는지요. 어떤 의미에선 민중들은 부(富)를 소유해야 하는 건 아닐는지요. 웬만큼 복(福)을 지녀야 하는 것이 아닐는지요.

강증산: 그래. 무소유라는 건 망상에 가까운 이야기일지도 몰라. 돈 자체가 나쁘다기보단 지나치게 그 돈이 소수의 가진 자들에게 몰려 있다는 게 문제라면 문제야. 그래서 내가 얘기했잖은가. "돈의 눈을 틔워 선한 사람을 따르게 한다."고 말이야. 이건 상징이거든. 사회적 부가 고르게 분배되는 복지국가를 만들라는 정신이 이 말에 담겨 있어.

나상민: 이제야 조금 이해가 갑니다.

강증산: 하지만 지금은 돈이 신(神)의 역할을 대신하고 있다고 말해도 과언이 아니지. 나를 믿는다는 자들이 나를 믿는 건지, 돈을 믿는 건지 도무지 분간이 가질 않아. 나를 믿는다는 증산교인들뿐만 아니라 대부분의 사람들이 돈을 신앙하지. 그래서 내가 설 자리가 없어. 하지만 돈은 좋은 거야. 잘만 이용하면 사람들이 행복하게 살 수 있는 물건이 돈이야. 돈은 선한 물건이야. 사랑스럽기도 한 거고.

나상민: 형님께서 그렇게 말씀하시니, 더 열심히 살아야겠다는 생각이 듭니다. 선한 물건인 돈을 열심히 벌어야겠다는 생각이 일어납니다. 현실 생활에 충실하라는 뜻으로 받아들이겠습니다.

강증산: 바로 그거다. 나를 신앙한다는 걸, 너무 환상적으로 생각하지 않았으면 좋겠다. 네 어머니

가 살아 있는 하느님이다, 라고 생각하고 벗처럼 친근하게 잘 모시고 사는 것이 나를 위하는 삶이다. 무슨 말인지 알아듣겠느냐. 성속(聖俗)을 따로 생각하지 마라. 선천(先天)과 후천(後天)을 전혀 별개의 세계로 알지 말라는 거다. 기독교식의 편협한 이분법적인 마인드를 경계하란 말이다. 성스러운 세계와 속세가 따로 있는 것이 아니다. 네가 서 있는 그 땅에서 네가 성인의 삶을 살아간다면 그것이 바로 극락이다. 그것이 바로 후천선경(後天仙境)이다. 절대로 후천개벽(後天開闢)을 환상적으로 생각하지 마라. 네가 지금 내 뜻대로 행복한 삶을 살지 못한다면, 미래도 답은 없는 거다. 알겠느냐?

나상민: 아, 이제야 알겠습니다. 후천선경을 현실에서, 지금 발을 딛고 사는 이 세상에서 온전히 구현하라는 말씀이군요. 형님의 세상을 현실 역사에 구현하는 새로운 주체가 되라는 말씀이시군요?

강증산: 그렇지! 바로 그거다. 아우가 이제야 좀 말귀
를 알아듣는구나. 일심으로 나를 믿고 새 우
주 건설의 주체로 살아가는 이들에겐 내가 기
운을 아낌없이 보내줄 것이다. 사람 잘되게 하
는데 혼신의 노력을 기울여라. 반드시 내 일
은 될 것이다. 조금도 의심하지 말고 확신을
갖고 나아가거라.

아라사(러시아) 사람이 내 사람이다

나상민: 형님, 저는 예전에 형님이 "아라사 군사가 내
군사"라는 말을 했다는 경전을 읽은 바 있습
니다. 해석이 분분하여 잘 이해가 안 되는 측
면도 많았습니다. 형님께서 뜻을 풀이해 주시
면 감사하겠습니다.

강증산: 여러모로 해석이 가능하단다. 아 그러고 보니,
박노자라는 아주 독특한 사회주의자도 러시
아 출신의 귀화 한국인이구나. 갑오동학혁명
으로 촉발된 세계 혁명이 러시아혁명으로 이
어진 것이다. 러시아혁명은 절반의 성공이라
고 말할 수 있지. 비록 자본주의로 다시 회귀
하긴 했지만, 우린 러시아혁명을 매우 심도 있

게 공부하고 연구해야 한다고 본다. 소련 사회가 기존의 자본주의사회보다 경쟁이 덜하고 살 만한 사회였다는 게 속속 드러나고 있지 않니.

나상민: 저는 박노자 씨 같은 분도 형님이 보낸 분이 아닌가 하는 생각이 듭니다. 꽉 막힌 조선(한국)의 지성계에 사회주의를 표방하는 박노자 같은 분이 출현한 것은 정말 신선한 충격이었습니다.

강증산: 아! 그렇고말고. "러시아 사람이 내 사람이다." 라는 말을 현재 진행형으로 이해해야 한단 말이지. 남 잘되게 하고 잘살자는 기본 대의에 충실해야 한단 말이야. 내 말을 자구(字句)에 너무 얽매여 숭배하지 말란 말이야. 내 그림이나 사진에다가 절만 올리고 복이나 비는 것들이 내 제자가 아니란 말이다. 중요한 건 내 일을 하는 사람이 진짜 내 사람이다, 이 말이거든.

나상민: 형님, 이제야 조금씩 이해가 됩니다. 저 또한 경전의 자구 해석에 연연하는 교조주의자(敎條主義者)였음을 뒤늦게야 깨닫게 되었습니다. 형님이 건설하려는 그 세상을 성사재인하기보단, 무조건 신봉하는 행태를 보인 저 자신을 반성하게 됩니다.

강증산: 깨쳤으면 그것으로 된 거야. 이제부터 새 출발 하라고. 나로부터, 너로부터 새 세상이 열리는 거라고. 다른 누군가가, 너보다 뛰어난 누군가가 내 일을 해줄 거라는 환상적인 믿음을 버려야 해. 네가 해야 하는 거야. 너밖에 없어. 모든 사람이 다 마찬가지야. 내가 스스로 자각하여 새 세상을 건설하는 주체가 되어야 하는 거야. 이걸 잊어선 안 돼. 네가 미륵이고 하늘님이라는 생각으로, 내 심정으로 하루하루를 살아갈 때 그것이 현실선경이란 말이다.

나상민: 제가 미륵이고 하늘님이라는 불퇴전(不退轉)의 믿음을 가지고 살아야 그것이 개벽 세상이라

는 거군요.

강증산: 그래그래 바로 그거야. 네가 살아 있는, 살아 가는, 만들어가고 있는 세상이 바로 '개벽 세 상'이란 말이다. 개벽은 삶의 과정 속에서 성 숙하는 거야. 개벽이라는 것도 너무 환상적으 로 생각하지 않았으면 좋겠다.

강증산: 세상에는 남 잘되게 하려는 혁명적 상생 사상 을 가진 이들이 많이 있어. 박노자도 그중 하 나지. 어디 박노자뿐인가. 이 한국 땅에도 노 동자연대, 사회변혁노동자당, 노건투(혁명적노동 자당건설현장투쟁위원회), 노사과연(노동사회과학연구 소) 등 쟁쟁한 좌익들이 많이 있단다.

나상민: 형님, 이 나라는 아직 국가보안법이 살아 있 습니다. 잘못하면 감옥에 가실 수도 있습니다. (옛)통합진보당 국회의원 이석기 씨도 감옥에 서 콩밥을 먹고 있지 않습니까. 말씀을 가려 하시는 게 좋을 듯합니다.

강증산: 아우야, 너는 참 소심하구나. 그래서 어떻게 내 세상을 연단 말이냐. 모두가 함께 잘사는 세상을 만들기 위해선 죽음도 불사해야 하거늘. 하물며 감옥을 두려워해서야 되겠느냐. 콩밥을 먹게 되면 콩밥을 먹으면서 계속 공부해야 한다. 불 속인 줄 뻔히 알면서도, 죽는 줄 뻔히 알면서도 가는 것이 진리의 길이니라.

나상민: 역시 형님은 저를 실망시키지 않는군요. 저 또한 각오가 되어 있습니다. 살아 있는 한, 또 죽어서도 형님이 꿈꾼 대동세계를 위해 일심을 다할 것입니다. 아, 이렇게 편협됨이 없이 모든 사상을 포용할 줄 아는 형님을 만난 것이 얼마나 행복한 줄 아십니까. 이 위선적이고 옹졸한 세상에서 형님만 생각하면 힘이 납니다.

강증산: 우리 민중들이 이제는 반공(反共)의 굴레에서 벗어나, 마음껏 사상의 자유를 만끽할 수 있다면 얼마나 좋겠느냐. 예전에 그 누구냐, 리영희 있지 않으냐. '새는 좌우의 날개로 난다'

고 했지. 참, 된 사람이다. 참, 해방 이후 좌
익 또는 뜻있는 민족지사들이 너무도 많이 학
살당했어. 내 가슴이 미어지는 것 같아. 갑오
동학혁명 때도 그렇게 참담하진 않았어. 자국
군인들에 의해 저질러진 이 학살의 역사를 이
제는 넘어서야 한다. 난 말이지. 조선 민중들
이 이제는 우금티('우금치'의 순우리말이다.)를 넘어
서야 한다고 봐. 그 우금티가 뭐냐? 바로 자
본주의야. 우리는 자본주의적 세계화에 가로
막혀 개벽 세상을 열지 못했지. 하지만 이젠
달라. 충분히 가능하다고. 이젠 민중들이 마
음껏 사회주의, 공산주의를 비롯하여 그 어떤
사상도 자유롭게 만끽할 수 있는 시대가 열렸
어. 이제 모든 것이 민중의 의지에 달렸어. 새
세상이 눈앞에 다가왔어.

나상민: 형님 말을 들으니 목이 메이기도 하고, 가슴
에 뿌듯함이 밀려오기도 합니다. 이제 반공
분단의 시대가 끝나가는군요. 이제야 비로소
반불구로 살아온 이 땅의 생명들이 다시 온전

하게 살게 되었다는 생각이 듭니다. 건강한 사회, 행복한 남조선이 눈에 훤히 보입니다. 보여요.

강증산: 절대, 역사의 책임을 타인에게 떠넘겨서는 아니 된다. 네가 떠맡거라. 정의를 위해서라면 기꺼이 감옥에 들어가라. 그곳에서 일도 하고, 책도 보고, 글도 쓰면 될 게 아니냐. 목숨에 연연하지 마라. 사람은 다 누구나 한번은 죽게 되어 있다. 떳떳하게 살자. 나처럼 너 또한 당당하게 살다 죽어라.

저성장 시대,
새로운 사회·새로운 삶을 말한다

자족하는 삶

강증산: 아우야, 너는 어떤 세상에서 살고 싶으냐?

나상민: 저는 인간의 행복은 자족(自足)을 근본으로 하여 이루어진다고 생각합니다.

강증산: 음······. 자족이라. 좀 더 구체적으로 말해 줄수 없겠니?

나상민: 저는 삶이란 외부에서 주어지는 것보다 내부에서 스스로 만족하는 것이 더 중요하다고 생각합니다. 제가 소득이 높다고 하더라도 스스로 만족하여 절제하지 못한다면 행복한 삶은 요원해질 것입니다. 하지만 적은 소득이라도 스스로 만족하며 절제하는 삶을 산다면 삶의

기쁨이 이에 있지 않겠습니까.

강증산: 그건 너무 정신 승리만을 강조하는 것은 아니 겠니?

나상민: 어차피 제 욕구를 만족시켜주기 위해 살아가 는 타인은 없습니다. 어떠한 정치도, 어떠한 이념도 결국엔 그것을 하는 자신들의 욕망이 반영될 수밖에 없는데, 그러한 욕망과 욕구들 이 지나쳐 갈등을 야기하는 경우가 많습니다. 뭔가 되는 듯하면서도 결국엔 흐지부지되는 것을 그동안 저는 여러 번 볼 수 있었습니다. 또한, 실제로 뭔가 이루어졌어도, 사람들은 금 세 그것을 당연한 것으로 여기고, 더 큰 만족 을 위해 몸부림치는 존재가 아닌가 하는 생각 이 듭니다.

강증산: 너무 세상을, 혹은 사람을 부정적으로 보는 것이 아니냐?

나상민: 저는 제가 처한 상황에서 스스로 만족하는

삶을 살기 위해 노력해 왔습니다. 자족이야말로 인간이 누릴 수 있는 인생의 즐거움이라는 결론에 이르게 되었습니다. 더 가지면 가질수록 더 큰 욕심만 생긴다는 걸 뒤늦게 깨닫게 되었습니다. 물론 그렇다고 해서 물질적 소유가 없어야 한다는 건 아닙니다. 생활을 위해선 생산적인 노동을 해야 합니다. 저는 노동을 통해 생활을 이어갈 것이고, 지금 자족하는 삶을 통해 삶의 기쁨을 만끽하고 싶습니다. 허황된 꿈을 꾸지 않고 검소하게 산다면 이것이 도(道)의 길이 아니겠는지요?

개방된 성생활이 보장되는 사회

강증산: '개방된 성생활이 보장되는 사회'라…… 주제
가 매우 재미나구나!

나상민: 밋밋한 인간사, 인간도 동물이기에 섹스만큼
만족감을 주는 놀이도 없다는 생각이 듭니다.
저는 남녀 간의 자연스러운 사랑(섹스)이 널리
행해지는 사회가 건강한 사회라고 생각합니
다. 겉으로는 점잔 빼면서 음성적으로는 온갖
퇴폐 행위가 이루어지는 성(性) 문화는 지양되
어야 한다고 봅니다. 할 수만 있다면 최소 고
교생 때부터는 자유로운 성생활이 보장되어야
한다고 봅니다. 그래서 예를 들어 시험이 끝난
후에는, 학교에서 모텔 자유이용권을 무료로

나눠준다든지 하는 방식으로 다른 이성을 충분히 이해할 기회를 주어야 한다고 봅니다. 다만, 원치 않는 임신을 막기 위해 성교육을 충분히 해줄 필요가 있다고 봅니다.

강증산: 네 주장을 들으니, 갑자기 마광수가 생각나는구나. 너무 섹스에 집착하는 것이 아닌지 우려되는구나.

나상민: 형님, 저는 몸이 허약하여 여색(女色)과 거리를 두며 살고 있습니다. 제 삶이 그냥 세속을 살아가는 중(스님)에 가깝습니다. 섹스의 즐거움보다도 더 중요한 것이 몸 생명입니다. 몸의 평안함이야말로 심신의 즐거움이 아니겠는지요? 사람마다 생명력이 선천적으로 혹은 후천적으로 다르기 때문에, 이런 점들을 종합적으로 고려하여 삶을 영위해야 한다고 봅니다.
다만, 저는 억압을 통해서는 삶이 나아지는 것이 아니요, 오히려 심신이 망가지는 사례를 여러 차례 체험적으로 지켜봐 왔습니다. 그것이

섹스의 자유이건, 사상의 자유이건 타인에게 피해를 주지 않는다면, 개인의 선택의 폭을 제한하지 않는 것이 바람직하다고 생각합니다.

강증산: 청소년기부터 서서히 이성에 대한 올바른 안목을 길러 나간다면, 더 건강한 삶을 영위할 수도 있다는 말이구나.

나상민: 네, 그렇습니다. 참고로 저는 마광수라는 혁명가를 매우 좋아합니다. 하지만 마광수의 견해에 100퍼센트 동의하는 것은 아닙니다. 섹스는 좋은 것이고, 꼭 해야만 한다고 생각하지는 않습니다. 그건 어디까지나 개인의 취향의 문제라고 생각합니다. 저는 성담론(性談論)이 너무 음성적으로 이루어지거나, 혹은 억압하는 것이 바람직하다고 보지 않습니다. 각자 타인에게 피해를 주지 않는 선에서 쾌락을 만끽하는 것도 중요한 인권(人權) 중의 하나라고 생각합니다.

종교 집단이 약화 또는
사라지는 새로운 사회

나상민: 형님, 종교 집단에 관해 이야기하기에 앞서 밝혀두어야 할 말이 있습니다. 저는 종교를 좋아합니다. 종교 사상과 종교 정신을 좋아하고 생활 속에서 이를 누리며 살고 싶습니다. 이를 전제로 하고 종교에 대해 이야기했으면 합니다.

강증산: 그렇게 해라. 얼마 전에 나의 제자 홍범초 교수 부부(夫婦)가 다른 증산교단의 살인자들에 의해 피살당하지 않았느냐. 너도 조심하거라. 그들이 나를 너무도 욕보이는구나.

나상민: 형님, 그 사건은 너무도 참혹하고, 부끄러운

일이라 차마 다시 꺼내고 싶지 않습니다. 너무도 부끄러워 얼굴을 들고 다닐 수 없을 지경입니다.

강증산: 그럴 테지. 자신들과 종교적 견해가 다르다고 해서 함부로 살인을 저지른다면 세상이 어떻게 되겠느냐. 종교 집단이 광신(狂信)에 사로잡히면 모든 불행이 여기서 비롯됨을 알아야 할 것이야.

나상민: 많은 사람이 종교를 가지고 있고, 특히 우리나라도 많은 사람이 종교 단체에 속하여 신앙생활을 하는 것으로 알고 있습니다. 하지만 세상이 더 살기 좋다거나 나아지고 있다는 느낌은 들지 않습니다. 그것은 어째서 그러한 겁니까?

강증산: 조선(한국)처럼 오늘날 물신숭배가 극에 달한 곳을 나는 여태껏 본 적이 없다. 사람들에게 돈만 있으면 된다는 사고방식이 극도로 팽배

해 있다. 그러한 사람들이 모여 사는 곳이 한
국 사회다. 종교라고 별수 있겠느냐. 돈만 있으
면 된다는 배금주의 세상에서 종교 단체도 세
속화, 물신화하는 것을 막을 수는 없겠지. 지
금의 종교 집단은 이미 내리막길로 들어선 것
으로 보인다. 오히려 종교 단체에 소속되지 않
으면서 건실하게 삶을 살아가는 생활인들에
주목할 필요가 있단다. 그들은 건전한 사회운
동단체에 소속되어 민주사회를 건설하기 위해
힘쓰고 있단다. 때론 소농(小農) 형태의 자연
친화적 삶을 통해 건강한 세상을 만들어 보
자는 사람들도 종종 볼 수 있지. 그들은 특별
히 종교 집단에 연연하지 않으면서 자신들의
삶을 건강하게 영위하고 있단다. 오히려 이들
에겐 교조적인 종교 이데올로기가 거북스럽기
까지 한다더구나.

나상민: 저는 최소한 종교 집단이 지금보다도 더 약화
되거나 사라지는 사회가 이상적이라고 생각
합니다. 오히려 사회주의나 사회 개혁적 성향

을 지닌 시민단체들에 사람들이 더 많이 참
여한다면 좀 더 나은 세상이 열리리라 생각합
니다. 한국 사회에서 종교 단체란 대중의 낮
은 정치의식에 기대어, 단지 그들을 이용하여
종교 장사를 한다는 느낌을 강하게 받습니다.
한국에서 종교인들은 많지만, 존경할 만한 어
른을 접하는 건 쉽지 않아 보입니다. 대중의
낮은 정치의식에 기대어 아직도 미신에 기초
한 종교 집단이 성행하는 것은 민중의 삶의
질 향상에 도움이 되지 않는다고 봅니다.

강증산: 이 나라의 현대사를 주목해 보자꾸나. 한반
도의 분단 상황은 조선의 민중들을 정신적 불
구의 상태로 만들고야 말았어. 우리보다 잘사
는 나라들의 특징을 보자꾸나. 먼저, 그들에
겐 사상의 자유와 표현의 자유가 마음껏 보장
되고 있음을 알 수 있단다. 지금까지 우리는
반공체제의 틀에 갇혀, 조금만 바른말을 하고
개혁적인 언사를 입에 담으면 빨갱이니 공산
주의자니 하면서 사상의 자유를 억압함으로

써 민중들의 자유로운 삶을 억압해 왔음을 자각해야 해. 이젠 그 어떤 사상도 타인에게 직접적인 물리적 피해를 주지 않는다면, 온전히 누릴 수 있는 자유가 주어져야 한다고 본다.

나상민: 형님 말씀 잘 새겨듣겠습니다. 제 개인적 소견으로는 우리 민중들의 정치의식이 지금보다도 더 고양되어야 한다고 생각합니다. 그래서 이젠 민중의 먹고사는 문제에 대해 적극적으로 나서지 않는 종교 집단에는 몸을 담지 않겠다는 민중의 단호한 의지가 드러나야 한다고 봅니다. 이젠 종교 단체로서 존립하기 위해서라도 민중의 현실적 요구에 부응하는 종교 집단만이 생존할 수 있게끔 민중의 정치의식이 폭넓게 확장되어야 한다고 봅니다. 또한, 민중의 조직화와 단결로 인하여 민중의 삶이 향상된다면, 오히려 저는 이것이 한국 종교를 근본적으로 개혁하는 데도 밑거름이 된다고 확신합니다. 한국 종교는 이제껏 후진적인 대중의 정치의식에 기대어 성장하고 그 명맥을 이

어왔습니다. 하지만 이제 민중의 삶이 획기적
으로 전환된다면, 한국 종교도 이에 발맞추어
좀 더 바람직한 방향으로 나아가리라 확신합
니다.

강증산: 노르웨이를 보거라. 노르웨이는 기독교 국가면
서도 좌익이 강하고, 시민들의 정치의식도 매
우 높은 편이란다. 복지국가를 건설한 것이 기
독교 국가인 노르웨이란다. 뭐 느껴지는 바가
없느냐. 해원상생의 새로운 사회를 현실 역사
에 구현하고 있는 것이 노르웨이라는 생각이
들지 않느냐. 나를 따른다는 제자들이 좀 더
세상을 넓게 보고 열린 사고를 한다면 얼마나
좋겠느냐. 나에게 성금을 바치고 절을 올리는
것으로 나를 믿는다고 생각하지 말았으면 좋
겠다. 나의 사상의 본래 취지를 잘 살려 사람
잘되게 하는 세상을 만들었으면 좋겠구나.

강증산: 제발 옹졸하게 나의 말을 자구 해석에만 연연
해하지 말고, 정말 행복한 복지국가를 만들기

위해 노력하는 제자들이 많았으면 좋겠구나. 사회주의, 공산주의도 어떤 편견에 휩싸이지 말고 차분하게 공부해 보면 취할 것이 많다는 걸 알아야 하는데. 너희들의 지성(知性)이 너무도 빈약하여 내가 천상에서 가슴을 치고 통곡할 지경이다. 내가 말하지 않았느냐. "복잡한 시대를 당하여 모든 법을 합하여 써야 한다고." 너희들이 머리가 터져 나갈 정도로 열심히 공부해야 하는데……. 그래서 정말 모두가 살기 좋은 새 세상을 열어야 하는데……. 생각이 너무도 모자라고, 지성이 빈곤하니 내 이를 깊이 경계하노라.

나상민: 형님, 형님을 따르는 제자로서 송구스러워 몸 둘 바를 모르겠습니다. 지금껏 형님을 잘못 믿어온 저를 꾸짖어 주십시오. 앞으로는 형님의 본래 참뜻을 가슴 깊이 새겨 새로운 사회를 여는 데 물심양면으로 힘쓰겠습니다. 지성을 바탕으로 자본주의의 모순을 극복하고 새로운 사회, 상생의 사회로 한국 사회를 이끌

겠습니다. 지금까지 너무도 옹졸하고 무지했던 제 삶을 근본적으로 반성하고 새 출발하겠습니다. 형님이 꿈꾼 해원상생의 새로운 사회를 현실에서 꼭 구현해 내겠습니다.

강증산: 고맙구나. 아우야. 너는 내 미래다. 내가 꿈꾼 세상을 꼭 이루어라. 내 일을 하다가 그릇 죽지는 않을 것이다. 네 마음이 내 마음이다. 부디 삶이 고단하고 힘들지라도 늘 내가 너와 함께하고 있음을 잊지 마라. 그리고 힘을 내거라.

나상민: 감사합니다. 형님이 꿈꾼 세상을 위해 저는 언제든지 죽을 각오가 되어 있습니다. 저는 형님을 믿습니다. 죽어도 믿습니다. 형님이 계시기에 저 또한 살맛이 납니다. 늘 형님을 생각하며 하루하루 성심(誠心)을 다해 살겠습니다.

4

한국 사회, 정치혁명
어떻게 이룰 것인가?

강증산: 너는 정치에 대해 별로 이야기하기를 꺼리는
걸로 알고 있다. 그런데 이렇게 '한국 사회, 정
치혁명 어떻게 이룰 것인가?'라는 소제목까지
달고서 정치에 대해 정면으로 문제를 제기하
니 형으로서 기쁘기 한량없구나.

나상민: 피할 수 없다면 즐기라는 말도 있지 않습니
까. 정치에서 가장 중요한 건 공정한 기회라
고 생각합니다. 지금까지 한국 현대사를 보면
한국 사회는 너무도 불공평한 정치 게임을 해
왔다고 봅니다. 좌익들을 빨갱이로 몰아 죽이
는 정치 탄압 말입니다. 저는 정치혁명의 출발

은 사상의 자유와 표현의 자유가 우선되어야 한다고 봅니다. 그리고 무엇보다도 이젠 좌익, 좌파들이 좀 더 자유롭게 정치 활동을 하는 문화 풍토가 형성되어야 한다고 봅니다. 따라서 국가보안법은 철폐되어야 합니다. 저는 한국 사회의 사상의 자유를 위해 감옥에 들어갈 각오가 되어 있습니다. 죽을 각오도 되어 있습니다. 목숨을 걸 가치가 있는 일이라고 생각합니다.

강증산: 아우야, 네 마음 충분히 이해한다. 나도 너와 같은 생각이다. 이 땅의 지배자들이 너무도 옹졸하다는 생각이 드는구나.

나상민: 형님, 좌파들은 민주주의적 신념을 가지고 고통받는 노동자 민중과 더불어 간고한 투쟁을 이어오고 있습니다. 저는 지난 수년간 많은 노동운동가, 사회운동가들과 만나며 그들의 진정성을 충분히 느낄 수 있었습니다. 사람을 사랑하고 잘되게 하고자 노력하는 활동가들

을 보면서 가슴이 뿌듯해지는 감격에 수없는 밤, 기쁨의 눈물을 흘렸습니다. 우리 사회에는 건강한 민주 시민단체와 개인들이 존재합니다. 저는 한국에 이런 훌륭한 사람들이 있다는 것이 너무도 고맙고 감사할 따름입니다. 이분들만 생각하면 자꾸만 감격스러워 눈물이 납니다. 우리 민중들이 비록 먹고살기 힘들지만, 조금만 이런 뜻있는 조직과 사람들에게 따뜻한 관심을 보인다면, 사회혁명과 민족해방도 꿈이 아닌 현실이 되리라 확신합니다.

강증산: 아우야, 너는 일관되게 좌익을 지지·옹호하고 있구나.

나상민: 예, 그렇습니다. 그동안 보수 정치, 우파 정치는 충분히 경험해 보았습니다. 하지만 이들의 정치로는 세상도, 제 삶도 전혀 나아지지 않으리라는 비관적 전망을 갖게 되었습니다. 저는 이제 좌익 정치에 한번 기대를 걸어볼까 합니다.

강증산: 네 의지가 그토록 확고하다면 나 또한 너를 성원할 것이다. 힘내거라. 그리고 항상 민중을 생각해라. 너 자신의 행복과 안일에 빠지지 않았으면 좋겠다.

나상민: 제가 누굽니까. 죽음도 두려워하지 않는, 형님의 영혼의 동반자 아닙니까. 죽어도 한번 해 보겠습니다. 좌파 혹은 좌익이 성장해야 우파도 정신을 차리고 민중을 두려워할 것입니다. 그래서 건강한 정치 세력 간의 경쟁을 통해 민중의 삶이 더 풍요로워지리라 생각합니다. 정치혁명의 중심에 민중이 있습니다. 이젠 민중이 더 성숙해져야 한다고 봅니다. 저는 그렇게 확신합니다.

5

자율적 삶을 통한, 자유가 보장되는 사회

나상민: 형님, 저는 제가 인간 개·돼지가 아닌가, 라는 생각이 듭니다. 여태껏 제가 사람으로 살아온 것인지, 인두겁을 쓴 개·돼지로 살아온 것인지 근본적인 성찰을 하게 됩니다.

강증산: 사람을 개·돼지로 부르는 것은 바람직하진 않지만, 그 말 속에는 분명히 역사에 대한 진실이 담겨 있단다.

나상민: 자기 자신을 온전히 통제할 수 있는 성숙한 삶을 사는 것이 중요하다고 생각합니다. 아울러 탐진치(탐욕, 성냄, 어리석음)의 낡은 체제를 뒤

집어엎어야 한다고 봅니다. 좀 더 양심적이고 공익(公益)에 충실한 사람들이 정치를 할 수 있는 세상을 만들어야 한다고 봅니다.

강증산: 네 말이 옳다. 하지만 너무 원칙적이고 당위성에 근거한 이야기만 하는 것이 아니냐. 너무 이상주의적이지 않느냐 말이다.

나상민: 그 말씀은 인간은 이기적이기 때문에 세상은 어쩔 수 없다는 말로 들립니다. 형님답지 않다는 생각이 듭니다. 저는 카를 마르크스가 주장한 '프롤레타리아 독재'의 참뜻이 아직도 유효하다고 생각합니다. 그가 펼친 사상은 단순히 노동자들만을 위한 계급 독재는 아니지요. 사회의 다수를 차지하는 생산 대중이 사회를 살기 좋은 세상으로 만드는 주체가 되어야 한다는 것 아닙니까. 소수의 자본가, 부르주아들이 행복을 독점하는 세상이 아니라 다수의 노동자, 다수의 생산 대중이 행복한 세상을 만들자는 건, 민주주의에 부합하는 것이 아닐

는지요. 형님이 주창한 상놈 도수, 상놈(해원)
사상도 이와 부합한다고 생각합니다.

강증산: 너의 생각에 나 또한 공감한다. 사람들은 제
대로 알지도 못하고, 카를 마르크스의 혁명
적 공산주의 사상을 비난하는 경우가 종종 있
지. 민중들이 조금만 인내하고 공부를 한다면
지금보다 더 살기 좋은 세상을 얼마든지 만들
수 있는데……. 조금만 마음을 열고 열린 사
고로 세상을 바라본다면 얼마나 좋겠느냐.

나상민: 그렇게 말씀해 주시니 힘이 납니다. 형님, 저
는 이제 인간으로 살고 싶습니다. 그동안 인
간 짐승으로, 돈의 노예로 살아왔다면, 이제
는 인간으로 살고 싶습니다. 다시 말해, 제 삶
을 자율적으로 통제하며 사는 자유인(自由人)이
고 싶습니다.

강증산: 그래, 자유인! 나도 구한말 때 누구보다도 해
원상생의 자유인을 꿈꾸며 살았지. 비록 그

참담한 세상을 갈아엎지는 못했지만, 정말 온
몸으로 해원상생의 혁명을 이루고자 몸부림쳤
지. 그 꿈은 아직 끝나지 않았어. 너를 비롯하
여 많은 사람들이 자유인들의 공동체, 연합체
를 꿈꾸며 자본주의 체제에 맞서 투쟁하고 있
지. 인간 해방을 실현하기 위해 싸우고 있지.
참으로 눈부시게 아름다운 일이야.

나상민: 형님, 이렇게 형님이 제 마음을 알아주시니
감격에 겨워 자꾸 눈물이 납니다.

강증산: 아니다. 내가 최제우에게 도통(道統)을 내려줄
때도 나의 마음은 늘 한결같았다. 내 마음이
곧 아우의 마음이다. 추호도 의심하지 마라.
너의 혈심(血心)에 감격하여 나 또한 도저히 가
만히 있을 수가 없었다. 그래서 이렇게 너를
직접 만나서 나의 뜻을 온전히 전하고 싶었다.

나상민: 감사합니다. 형님의 개벽 사상을 좀 더 분명하
게 알게 되었습니다. 이젠 그 세상을 위해 말

뿐이 아니라 행동으로 실천하겠습니다. 사람을 잘되게 하는 데 물심양면으로 힘쓰겠습니다. 늘 함께해주시고 혹시 잘못하는 일이 있다면 꾸짖어 주십시오.

강증산: 걱정하지 마라, 아우야. 나는 늘 너와 함께 있단다. 일심으로 믿어라. 내 세상은 이미 열려 있다. 너는 이미 후천선경에 들어서 있다. 후천선경을 살고 있다. 아우야, 난 네가 너무도 자랑스럽다. 두려워하지도 의심하지도 마라. 네 등 뒤엔 언제나 내가 있음을 잊지 마라. 알겠느냐?

나상민: 알겠습니다. 고맙습니다.

6

물질적 풍요를
함께 만끽하는 검소한 사회

나상민: 형님, 혹시 제가 쓴 『해원상생의 종교가, 증산
강일순』을 읽어보셨는지요?

강증산: 그래. 평소의 네 생각을 잘 표현했더구나.

나상민: 음……. 사실 너무 이상주의적인 주장을 펼친
것 같아 한편으로는 좀 쑥스럽기도 합니다. 게
다가 약간 오해의 소지를 줄 수 있다는 생각
도 듭니다.

강증산: 그래? 그게 무어냐?

나상민: 사실 이 세상은 자본주의 문명이라는 단일한

문명으로 통합되어 있습니다. 거의 대부분의 사람들이 자본주의 체제에 속해 살고 있지요. 솔직히 무소유(無所有)의 삶이란 거의 불가능에 가깝지 않나 하는 생각이 듭니다. 누군가가 성금을 주거나 후원을 해주지 않는다면 무소유로 산다는 건 거의 불가능에 가깝습니다. 그리고 저는 '소유'가 없어야 한다고 주장하는 것이 결코 아닙니다. 사람은 몸을 지니고 있어 사람입니다. 밥을 먹어야 하고, 기본적인 주거와 생필품이 있어야 생명 활동을 유지할 수 있는 존재입니다. 그래서 이것을 얻고자 사람들은 경제 활동을 합니다. 함석헌의 스승이자, 기독교를 주체적으로 사유한 철학자, 다석(多夕) 류영모(柳永模)도 땀 흘려 이룬 부(富)는 귀한 거라 말한 것으로 기억합니다. 자신이 노력하여 이룬 부는 소중하고 값지다는 말입니다.

강증산: 그래, 네 말을 들어보니 일리가 있다. 사실 나도 내 제자들과 민중의 성원이 없었다면 살아가기 힘들었을 거다. 나도 어려서부터 안 해

본 일이 없을 정도로 노동을 했지. 농사일부터 산판꾼, 의원 등 안 해본 일이 없을 정도로 다양한 일을 해보았단다. 그런 삶을 통해 민중의 고단한 삶을 이해할 수 있었지.

나상민: 민중들이 무소유로 사는 것이 이상적인 삶이 아니라는 것을 분명히 하고 싶습니다. 다만, 가진 자들이 더 많이 가지려는 탐욕이 세상을 어지럽히고 더럽히는 것이 문제라고 생각합니다. 더 많은 부와 소유에 집착하는 사람들을 권력에서 분리시키는 것이, 다수 민중의 건강한 삶을 위해 바람직하다고 생각합니다. 그들이 가진 필요 이상의 부를 힘겹게 일하면서도 늘 생존의 위기에 허덕이는 생산 대중에게 재분배한다면 세상이 얼마나 더 살기 좋겠습니까?

강증산: 그러니까 소유욕을 버리라는 건 지금도 충분히 누리며 사는 사람들이 그 소유욕을 내려놓아야 한다는 말로 들리는구나.

나상민: 네, 맞습니다. 겨우겨우 생계를 유지해 나가는 생산 대중에게 무소유의 삶을 주장하는 것은 너무도 잔인한 말이 아니겠습니까? 혹여라도 제가 쓴 책 내용에 대해 오해가 없었으면 합니다.

강증산: 너는 독자들의 수준을 너무 무시하는 것 같구나. 나는 처음부터 네 책을 읽으면서 그러한 생각을 간파할 수 있었다.

나상민: 그렇게 말씀해 주시니 감사합니다. 경제도 어렵고 물가도 오르는 상황에서 노동자인 민중들은 하루하루를 힘겹게 살아가고 있습니다. 그들이 인간다운 삶을 영위하자면 국가에 의한 부의 재분배가 선행되어야 할 것입니다. 예를 들어, 기본소득을 비롯하여 무상의료, 무상교육이 현실화되어야 한다고 봅니다. 올해도 어김없이 많은 평론가들은 위기를 이야기합니다. 도대체 제가 이 땅에 살면서 한국에서 위기가 없었던 적이 있었던가요. 이젠 위기

라는 말도 식상해졌습니다.

강증산: 나를 따른다는 자들이 증산교라는 좁은 틀을 벗어나 좀 대범하게, 열린 사고로 살아갔으면 좋겠구나. 왜 자신과 자신의 가족, 자기가 속한 종교 공동체에만 연연하는지 나는 늘 그것이 안타깝구나. 나의 삶을 본다면 진정으로 세상 사람들이 모두 함께 잘사는 세상을 열기 위해 손을 마주 잡고 힘쓰련만. 어찌 그리 속이 좁은지, 참으로 안타깝기만 하구나.

나상민: 이제 한국은 제2의 건국에 해당하는, 혁명적 사회 개혁을 이루어야 한다고 생각합니다. 이제 한국인들은 "나만 아니면 된다."는 이기주의를 버리고 새롭게 거듭나야 한다고 생각합니다. 저부터 양심에 부끄럽지 않은 생활인이 되고자 노력하겠습니다. 저부터 정직하게 살도록 하겠습니다.

강증산: 우리가 조금만 아껴 쓰고, 나눠 쓴다면 세상

이 얼마나 더 풍요롭고 행복하겠느냐. 나만 잘 살겠다고 남을 속이고, 부정부패를 밥 먹듯이 저지른다면, 이것이 금수(禽獸)의 삶이 아니고 무엇이겠느냐. 다시 말해, 약자를 배려하는 것이 인간의 삶의 길임을 너는 한시도 잊어서는 안 된다. 알겠느냐?

나상민: 네, 명심하겠습니다. 개인적으로는 검소하게 살면서, 사회에 기여하는 생활인이 되겠습니다. 사회정의가 실현된 복지사회를 만들기 위해 힘쓰겠습니다. 지켜봐 주십시오.

강증산: 그래, 이제 얼마 남지 않았다. 이제 세상이 다 익었다. 하하하.

식물·동물도 존중하고
존경받을 수 있는 새로운 사회

강증산: 이번 주제는 매우 재미나는구나. '식물·동물
도 존중하고 존경받을 수 있는 새로운 사회'
라······.

나상민: 형님은 일찍이 도통을 한 후 금수들도 해원(解
冤)시킨다고 하시지 않았습니까? 호생지덕(好生
之德)이 많으시어 자라나는 초목을 꺾지 않았
고, 미물 곤충도 함부로 죽이지 않았다고 알
고 있습니다.

강증산: 그렇지. 그것이 바로 도(道)의 길이기 때문이다.

나상민: 한데 형님은 젊은 시절 산판꾼으로 일하며,

나무를 베기도 했다는 기록이 증산교 경전에
는 나옵니다. 형님처럼 생명 살리기를 좋아하
는 분이 나무 베기라니요.

강증산: 네가 나에게 딴지를 거는구나. 네가 쓰고 있
는 책상이 무엇으로 이루어졌느냐?

나상민: 나무지요.

강증산: 심경이 좀 복잡해지는구나. 그 당시 어떻게든
난 생계를 이어가야 했단다. 그래서 일을 하
다 보니, 나무를 베어 나르는 산판꾼 일을 하
기도 했지. 생명은 귀한 것이다. 하지만 인간
의 삶의 필요에 따라서는 이용할 수도 있는
것 아니겠니. 무조건 살리는 것만이 능사는
아니지 않느냐? 해월 최시형의 사상을 빌리자
면, 양천주(養天主)라 말할 수도 있겠지. 하늘
님은 하늘님을 기르는 거란다. 이천식천(以天食
天)이라고도 하지. 하늘님은 하늘님을 먹일 수
밖에 없어. 우리는 다른 누군가의 생명을 취하

지 않고서는 살아갈 수 없는 존재야. 다만, 사람도 하늘님이고 다른 생명체도 하늘님이라는 생각을 가지고 늘 감사하는 마음으로 살아가야겠지.

나상민: 형님은 "파리 죽은 귀신이라도 원망이 붙으면 천지공사가 아니다."라고 하셨습니다. 그만큼 살아 있는 생명을 귀히 여기셨지요. 이제야 조금 형님의 말씀이 가슴으로 들어옵니다. 식물도 곤충도 동물도 생명을 함부로 죽이거나 상하게 하지 말라는 뜻이지요. 삶을 영위하는데 불가피하게 다른 생명체를 잡아먹더라도 늘 그 생명들을 하늘님으로 여기고 감사해야 한다는 거군요.

강증산: 그래, 그렇지. 이제야 네가 조금 말귀를 알아듣는구나.

나상민: 혹시 예전에 미국 드라마 〈브이(V)〉를 보신 적이 있나요? 거기 보면 파충류 과에 속하는 외

계 생명체 집단이 인간을 잡아다 수족관에 식용(食用)으로 담가 놓은 장면이 굉장히 충격적이었습니다. 거기서 인간 주인공은 너무나 놀라면서 경악을 금치 못하는 부분이 나오더군요.

강증산: 그래, 본 것도 같긴 하다. 너는 개·돼지들이 인간에게 느끼는 감정에 대해 생각하는 것 같구나. 다시 말해, 개·돼지의 입장에서 인간을 바라보고 있구나.

나상민: 저는 가끔 사람들이 누군가를 비하할 때, 개·돼지라는 표현을 쓰는 걸 봅니다. 그런데 가만히 생각해 보면, 개·돼지만 한 성인군자들도 없다는 생각이 듭니다. 살아서는 사람들에게 위안도 주고, 죽어서는 몸을 바쳐 인간의 배를 채워주니 말입니다. 이런 고마운 동물들에 빗대어 '개·돼지'라고 욕하는 비어(卑語) 사용은, 개·돼지에 대한 모욕이라고 생각합니다. 그들을 하늘님으로 생각하고 귀히 여기면 그

보다 더한 정성이 없을 것이라 생각합니다. 그
게 아니면, 적어도 개·돼지에게 감사하는 마
음이라도 가져야 한다고 봅니다.

강증산: 아우야, 네가 개·돼지에 대해 고민을 많이 했
구나.

나상민: 저는 인간도 결국엔 짐승과 크게 다르지 않다
고 생각합니다. 후천적으로 어떻게 사느냐가
중요하긴 하겠지만요. 아무튼, 개·돼지를 비
롯한 많은 동식물이 인간을 위해 존재한다는
생각은, 매우 인간 중심주의적인 사유라고 생
각합니다. 개도 돼지도 결국엔 삶을 위해 태
어난 존재입니다. 사람들을 위한 식량이 그들
이 태어난 목표는 아닐 것입니다. 어느 날 문
득 이런 생각이 들었습니다. 하루는 어떤 분
이 개는 뼈다귀를 잘 먹는다, 뼈다귀를 주자
고 하더군요. 그런데 문득 이런 생각이 들었
습니다. 그건 너무 인간 중심적인 사고가 아니
겠는가. 개는 오히려 살코기를 더 좋아한다는

생각이 들었습니다. 이 말을 해주었더니 그분이 공감하더군요.

강증산: 그러니까 인간들이 알게 모르게 인간 중심적 사고에 젖어 있다는 말이지?

나상민: 네. 저는 지구의 주인이, 우주의 주인이 인간일 수만은 없다는 생각이 듭니다. 수많은 다른 생명체도 하늘님처럼 귀히 여기는 생태적 생명 사상을 가지고 살아가야 한다고 봅니다. 제가 꿈꾸는 복지사회는 단지 인간만이 고르게 잘사는 세상을 만들자는 데 그치지 않습니다. 생명을 귀히 여기는 삶을 이 땅에 구현하자는 뜻도 함께 담겨 있습니다. 인간의 삶을 유지시켜 주는 동식물을 하늘님으로 여기는 성숙한 생명 사상이 뿌리내리는 새로운 사회가 펼쳐지길 희망합니다.

8

홀로 있음(고독)을
온전히 즐길 수 있는 사회

강증산: 너는 고독에 힘겨워하고 괴로워했던 적이 한두 번이 아닌 것으로 알고 있다. 한데 '홀로 있음을 온전히 즐기는 사회'라니 좀 의외로구나.

나상민: 저는 사람을 좋아하고 사람들과 어울리는 것을 즐기는 편이었습니다. 물론 지금도 그런 마음이 없는 것은 아니지만, 조금은 삶의 방식이 변했습니다.

강증산: 도대체 무엇이 변했다는 말이냐?

나상민: 저는 조직 종교인 증산교를 나와 고향에서 사회생활을 10년 정도 했습니다. 즉, 고향으로

내려와 생활한 것이 대략 10년입니다. 저는 여러 분야의 사람들과 어울려 보았으나, 밥벌이하는 시간을 제외하면 가급적이면 홀로 있는 것을 즐겨 합니다. 특히 기독교인들은 될 수 있으면 상대하려고 하지 않습니다. 기독교를 개인적으로 신앙하건, 조직적으로 신앙하건, 그들은 겉으로는 겸손한 듯 보입니다. 하지만 대개가 에고(자아)의 아집에 사로잡혀 있고, 하느님을 자신들만이 가장 잘 안다는 교만에 사로잡힌 경우를 종종 볼 수 있습니다. 마치 조직 종교 증산교의 교인들과 하나도 다를 게 없다는 생각이 들었습니다. 아, 아니지요. 증산교인들보다 더하면 더했지……. 가끔 산책하러 나갈 때가 있는데, 정말 마주치고 싶지 않습니다.

강증산: 네가 기독교인들에게 아주 질려 버렸구나.

나상민: 질렸다기보다는, 세속에서 접하는 사람들이 정도의 차이만 있을 뿐이지 대개가 다 자기

에고(자아)에 사로잡혀, 그 세계에 갇혀서 살아가고 있다는 생각이 듭니다. 도무지 남을 배려하거나 헤아리지를 못한다는 느낌이 듭니다. 특정 종교에 심취한 사람들은 그 정도가 더크다는 생각이 듭니다. 도무지 자기 얘기밖에 할 줄 모르고, 다른 영성가나 구도자에 대한 이야기를 해주어도 영 들으려 하지 않더이다. 결국엔 자기 자신만이 하느님을 가장 잘 안다는 종교적 오만에 이르러서는 할 말을 잃게 하더군요. 게다가 나이가 좀 많다는 이유만으로 가르치려고만 드는 태도도 너무 아니라는 생각이 들었습니다.

한데 그 기독교인을 가만히 생각해 보니, 그게 바로 제 모습이더란 말입니다. 뭐냐 하면 저는 한때 어떤 정치 모임에 여러 번 참석한 적이 있습니다. 한데 저는 그때 공장에서 일하는 게 너무 힘들고 지겨워서 삶에 대해 염증을 느끼고 있었습니다. 그래서 안타깝게도 이러한 삶에 대한 짜증을 그 정치 모임의 저보다 나이 어린 청춘들에게 토해 냈던 기억이 납니다. 물론 그렇다고 해서 그 모임에 있는 사람들이 저보다 나이가 다 어리다는 말은 아닙니다. 나이가 저보다 많은 분도 있고, 저보다 나이가 어린 사람도 있다는 이야기죠. 아무튼, 세속에서 제가 만난 사람들 대부분은 다 거기서 거기라는 생각이 들었습니다. 무슨 종교를 믿든 간에 결국엔 자기 경험 타령, 자기 에고(자아) 타령이라는 결론에 이르게 되었습니다. 고상한 종교를 이야기해도 결국엔 에고의 굴레에서 신음하는 인간을 발견하게 됩니다. 그래서 요즘엔 밥벌이하는 시간을 제외하곤 가급적이면 혼자 있으려고 합니다. 음악을 듣거나 책을 보면서, 조용히 침묵하며 사는 것이 가장 큰 행복이 아닌가 합니다.

강증산: 아우야, 네가 사람들과 부딪히며 많이 힘들었나 보구나. 에고에 사로잡힌 인간은 사실상 인간 짐승이다. 너 또한 그런 자기 자신의 에고를 느끼기 때문에 괴로운 것 아니냐?

나상민: 바로 보셨습니다. 타인이 유·무형으로 자신의 에고를 드러낼 때면, 제 에고도 이에 자극을 받는 것은 어쩔 수 없는 것이 아닌가 하는 생각이 듭니다. 그래서 홀로 조용히 침묵하며 지내는 것이 정신적으로나 육체적으로 행복감을 줍니다. 홀로 있는 그 순간만큼 평화로운 때가 또 있을까요. 누군가와 이야기를 나누는 것보다 홀로 있는 것이 훨씬 더 즐겁고 자유롭게 느껴집니다. 그렇다고 다른 사람들과 일절 대화를 하지 않겠다는 건 결코 아닙니다.

뭐라고 해야 할까요? 대개의 현대인들은 충만한 생명으로 살지 못하고 분열증, 신경질환, 정신병 등의 질환을 앓고 있다는 생각이 듭니다. 종교를 믿고 있는 사람들도 별반 다르지 않다는 느낌을 종종 받습니다. 저는 어떤 기독교인으로부터 저를 매일매일 생각한다는 이야기도 들은 바 있습니다. 저는 그분에 대해 거의 생각하지 않고 살았는데, 그분은 저를 매일매일 생각하다니 조금 의아하게 여겨졌습니다. 타인을 하루도 빠짐없이 생각한다는 게 정말 가능한 일일까? 특별히 사랑하는 사람이 아니라면 그게 가능한 일일까 하는 생각이 들었습니다.

강증산: 그 사람이 너를 그토록 사랑한다는 뜻 아니겠니?

나상민: 음……. 그런 느낌으로 다가오지는 않았습니다. 뭐랄까, 지배의 욕구를 느꼈다고나 해야 할까요. 아니면 집착한다는 느낌을 좀 받았습니다. 아무튼, 건강한 인간관계는 아닌 것 같아, 그냥 홀로 있는 시간이 더 낫겠다 싶었습니다.

강증산: 네가 홀로 있음(고독) 속에서 행복하다면 그렇게 하려무나.

나상민: 사회·경제적으로 요즘 싱글족 또는 나홀로족이 늘어난다고 하지 않습니까. 저는 이것을 경제적인 이유에 따른 사회적 현상으로만 바라봐선 안 된다고 생각합니다. 물론 저는 지금

노모(老母)와 함께 살고 있고, 언젠가는 홀로 살게 되겠지요. 홀로 지낸다는 게 꽤 성숙한 삶이라는 생각이 듭니다. 타인에게 피해를 주지 않으면서, 여유로운 명상, 구도의 삶을 사는 것도 평화롭게 살아가는 하나의 방식이라는 생각이 듭니다. 그렇다고 이렇게 사는 사람들이 공동체의 가치를 훼손하는 것은 아니라고 생각합니다. 이렇게 개인으로서 독립적으로 산다고 해서 그 사람이 이기주의적으로 사는 것은 더더욱 아닙니다. 물론 저는 사람은 더불어 살아야 한다고 생각합니다. 서로 사랑을 나누며 사는 것은 중요합니다. 다만, 1인 가구가 증가하는 사회에서 그에 따르는 다양하고 성숙한 삶의 문화도 중요하다고 생각합니다. 앞으로 펼쳐질 새로운 사회는 개인이 더 강해지고 성숙해지는 길로 나아가리라 예측됩니다. 강한 개인, 성숙한 개인의 시대는 성범죄를 비롯한 각종 범죄가 점차 줄어드는 사회가 되지 않을까 하는 추측을 가능케 합니다.

강증산: 그러니까 네 말은 1인 가구가 증가하는 걸 매우 자연스러운 현상으로 받아들여야 한다는 뜻으로 들리는구나. 그리고 그러한 현상이 오히려 사회를 더 건강하게 만들 수도 있다는 이야기구나.

나상민: 네, 그렇습니다. 1인 가구는 단지 홀로 산다는 뜻이 아닙니다. 강한 개인, 성숙한 개인이 자유롭게 연대하며 공동체를 이루며 산다는 뜻입니다. 1인 가구가 증가하면서 아울러 사람들의 삶도 더 풍요로워지는 사회, 저는 그것이 새로운 사회로의 길이라고 생각합니다. 자유인들의 연합체가 우리 눈앞에 모습을 드러내고 있는 것입니다.

강증산: 지금의 어려운 경제 현실에서 사람들이 어쩔 수 없이 1인 가구로 사는 걸 너무 미화하는 것으로 볼 수도 있겠구나. 경제적으로 어려워서 홀로 사는 걸 무슨 대단한 사회 변화인양 말하는 것으로 비춰질 수도 있다는 얘기지.

나상민: 그렇게 생각하는 사람이 있을 수도 있다고 생각합니다. 자신은 결혼해서 살고 싶은데 경제적으로 쪼들리는 바람에 어쩔 수 없이 선택했기 때문에 혼자 사는 걸 비관할 수도 있겠습니다. 그런 분들은 주인으로서 살아갈 수 있는 유·무형의 힘인 주체력을 강화해야 하겠지요. 타인에게 피해를 주지 않으면서 자율적으로 행복한 삶을 영위할 수 있다면, 이것이 새로운 사회가 아니고 무엇이겠습니까. 혈연이나 지연 혹은 민족·종교조차도 연연하지 않고 살아갈 수 있는 세상이라면 얼마나 좋을까요.

역사 공부,
역사교육 어떻게 하는 것이 바람직한가?

나상민: 저는 어려서부터 역사책 읽는 것을 무척 좋아
했습니다. 특히, 중학교 때 읽은 『거꾸로 읽는
세계사』는 굉장히 재미나고 신선한 충격이었
습니다.

최근까지도 저는 역사책을 재미삼아 읽어 왔
는데, 한편으로는 역사 공부가 별 의미 없게
느껴질 때도 있습니다. 인간의 역사 중 기억할
만한 가치가 있는 게 과연 얼마나 되겠느냐는
생각이 들더군요.

강증산: 그래서 내가 말하지 않았느냐. 전쟁사(戰爭史)
를 읽지 말라고. 전쟁에서 이긴 신명(神明)은

춤을 추지만, 전쟁에서 진 신명은 이를 간다
고. 글 읽는 소리에 신명이 응한다고 말이다.

나상민: 인간의 역사는 '전쟁사'라고 말해도 과언이 아
닙니다. 한데 형님은 전쟁사를 읽지 말라고 합
니다. 그래서 저는 형님의 그 말씀이 한편으로
는 역사를 공부할 필요가 없다는 말씀으로도
읽힙니다.

강증산: 네가 내 마음을 조금은 이해하는구나. 솔직히
이제까지의 인간사(人間史)라는 게 그게 뭐 그
렇게 자랑스러운 역사는 아니라는 생각이 드
는구나. 나의 "전쟁사를 읽지 말라."는 말 속
에는 그만큼 인간들이 잘못 살아왔음을 지적
하는 뜻이 들어 있는 것이다.

나상민: 역사를 많이 안다는 게 결코 행복한 삶으로
이어진다는 생각은 들지 않습니다. 오히려 어
떤 경우에는 마음이 아려올 때가 한두 번이
아닙니다. 뭐라고 해야 할까요. 역사 속 인물

들이 저에게 말을 걸어오는 것 같은 착각을 느낀다고 해야 할까요. 아무튼, 가슴이 뭉클해지는 그런 느낌을 받을 때가 많습니다. 형님의 말씀대로 글 읽는 소리에 신명이 응하는 것이 아닌가 하는 생각이 들 때가 많습니다.

강증산: 그래서 글도 가려서 읽어야 하는 거다. 대인(大人)을 공부하는 자는 동서고금에 밝고, 세상 사람들과 동고동락해야 한다고 말하지 않았느냐. 물론 무조건 역사를 무시하고 아무것도 모르고 사는 것도 문제라면 문제야. 네가 이만큼 공부를 했으니, 역사 공부의 무용성(無用性)에 대해서 생각할 수 있는 것이 아니냐.

나상민: "글도 가려서 읽어야 한다."는 형님의 말씀이 가슴에 다가옵니다. 무조건 많은 독서만이 능사는 아니라는 생각이 듭니다. 바른 글, 제대로 된 글을 읽는 것이 더 중요하다는 생각이 듭니다.

강증산: 사실이나 진실을 왜곡하는 글은 사람과 세상을 잘못된 방향으로 이끌 수 있단다. 그래서 가급적이면 사람이 잘되게 하는 방향으로 공부도 하고, 글도 써야 한단다.

나상민: 네, 알겠습니다. 저는 기본적으로 한국사(민족사 혹은 국사), 지역사, 세계사, 인류사 등 여러 방면에서 이루어지는 역사 서술을 존중합니다. 특히, 한국사는 제가 살고 있는 곳의 역사이므로 기본적으로 알고 있어야 한다고 생각합니다. 그리고 기본적으로 꼭 해야 하는 공부라고 생각합니다. 저는 세계사 혹은 인간의 역사라는 관점에서 역사 공부가 필요하다고 생각합니다. 굳이 한국이라는 국사(國史)의 틀에 연연하고 싶지는 않습니다. 저는 한국인이기도 하지만, 그보다는 지구인이지요. 아니, 우주에 살고 있는 우주인이기도 하고요. 이 광활한 우주를 생각해 볼 때, 한국에만 매이는 것은 너무 지엽적인 것이 아닌가 하는 생각도 듭니다.

강증산: 그래서 내가 우주 조화정부(造化政府)를 말한 것이다. 우주적 스케일로 인간과 역사를 보라는 말이다. 선천은 상극(相克)의 세상으로, 지축(地軸)이 기울어진 우주의 봄·여름 세상이다. 그래서 음과 양의 기운이 고르지 못하여 전쟁과 갈등이 끊이지 않는다고 했지.

나상민: 형님, 저는 형님이 말씀하신 선후천(先後天) 개벽론에 대해 의문을 제기하고 싶습니다. 지금 증산교단에 몸담고 있는 사람들은 모든 인간사의 갈등과 불행을 기본적으로 선천(先天), 즉 먼저 열린 하늘과 땅에 책임을 전가하고 있다는 느낌이 듭니다. 우주의 질서가 그러했기 때문에 어쩔 수 없다는 겁니다. 이건 너무 체념적인 신앙관이 아닌가, 라는 생각이 듭니다. 선천우주(先天宇宙)에게 모든 책임을 떠넘기는 거지요.

강증산: 그러게 말이다. 그럼 죄를 지어도 어느 정도는 어쩔 수 없었다는 변명거리가 성립되겠구나.

나상민: 형님은 성사재인이라 말씀하셨습니다. 일을 이루는 건 사람에게 달려 있다고 말씀하셨지요. 모든 인간의 삶 혹은 역사의 책임을 인간에게 철저하게 부여하지 않는다면 도대체 후천선경은 누가 어떻게 건설한단 말입니까?

강증산: 선천 속에서도 후천을 살아갈 수 있어야 하는데, 너무 선천과 후천을 이분법적으로 보고 신앙하는 것이 아닌가, 라는 생각도 드는구나. 상극의 세상인 선천에서도 디오게네스, 예수, 석가, 노자 등 훌륭한 인성을 지닌 성인들이 무수히 나왔단다. 선천이라고 하더라도 아름다운 구도의 길을 걸은 성인들이 있음을 잊지 말거라. 다 사람이 마음먹기에 달린 일이다.

나상민: 우주 탓, 천지 탓, 인간 탓, 민족 탓, 종교 탓 등 증산교도를 비롯한 많은 사람들이 그동안 누군가를 탓하기만 하면서 살아온 것이 아닌가 합니다. 제가 새로운 우주로서 사람답게 살려는 노력이 부족했다는 생각이 듭니다.

강증산: 네가 그렇게 생각했다면 다행이다. 종교의 도 그마(교리체계)에 연연하지 말고, 네가 살아 있 는 새로운 우주라는 생각을 가지고 성실하게 살았으면 좋겠구나.

나상민: 저는 그저 진리를 추구하는 '작은 나그네'이고 자 합니다. 역사도 이제는 '우주가 한 가족[宇 宙一家]'이라는 큰 틀에서 인류사를 통사적(通 史的) 관점에서 보고자 합니다. 세계 사람들이 다 한 가족인데, 민족이나 국가, 종교라는 작 은 틀에서 역사를 보고 싶지는 않습니다. 저 는 최소한 세계사·인류사, 나아가 우주사를 지평으로 삼아 공부하며 살고 싶습니다.

강증산: 그래, 네가 세상을 보는 시야가 많이 트였구 나. 암, 그래야지. 우주를 품어내는 넉넉함을 지녀야 진정한 나의 제자요, 새로운 시대의 혁 명가[開闢家]다.

나상민: 예, 알겠습니다. 이젠 여러 형태의 미신적 신

앙 행태를 단호히 배격하고, 형님이 본래 이루고자 한 세상을 현실에서 구현하기 위해 노력하겠습니다.

강증산: 지성(知性)이 차면, 자연스럽게 영성(靈性)으로 가는 거야. 간혹 영성을 추구한다는 사람들을 보면, 역사나 사회를 보는 시야가 모자란다는 생각이 들 때가 많다. 영성도 지성이 결여되면 천박하게 흐를 수 있음을 잊지 말아야 한다. 다시 말해, 일정 부분 지성의 폭을 넓고 깊게 만들다 보면, 자연히 영성에 대한 관심으로 삶이 이동하게 된다는 거지. 물론 모든 지성인이 전부 다 영성을 지향한다고 보진 않는다. 하지만 어느 정도 영성에 대한 마인드는 가지게 된다는 것이 내 생각이다.

나상민: 역사 공부에서 지성으로. 지성에서 영성으로의 도약은 개개인이 할 수 있는 나름의 성숙한 삶의 공부라는 생각이 듭니다.

강증산: 내가 만사지(萬事知) 문명이 열린다고 하지 않았느냐. 즉, '모든 것을 알게 되는 문명'이 열린다는 말이다. 사람들이 관심이 없거나 게을러서 그렇지. 봐라, 인터넷만 들어가도 얼마나 많은 정보가 들어 있느냐. 돈을 들이지 않아도 정치·사회·종교·문화 등 각계각층의 명사들이 강의한 내용들이 가득 담겨 있지 않느냐. 성숙한 삶을 위해 공부하고자 한다면 얼마든지 공부하여 좋은 삶을 살 수 있는 세상이 바로 지금의 세상이다.

나상민: 형님 말씀대로, 정말 지식이나 정보가 널려 있다는 생각이 듭니다. 다만, 이를 잘 활용하여 좋은 세상을 만드는 데 사람들이 노력해야 한다는 생각이 듭니다.

강증산: 내가 "모든 것이 나로부터 다시 시작된다."고 말하지 않았느냐. 살아 있는 한 사람, 한 사람이 새로운 우주임을 깊이 자각해야 후천개벽이 가능한 것 아니냐.

나상민: 알겠습니다. 형님, 저부터 세계시민으로, 우주인으로 후천선경을 살아가겠습니다. 후천의 첫날 눈이 많이 내리는군요. 마치 후천 인간으로 거듭난 저를 하늘에서 축복해 주고 있는 것 같습니다.

강증산: 만날 사람을 만났으니 오죽이나 좋을쏘냐. 그 넉넉한 마음 죽을 때까지, 아니 죽어서도 변치 말거라. 세상 사람들을 다 품어라. 그런 정신으로 살아간다면 너 또한 반드시 내 세상을 보게 될 것이다. 힘을 내거라.

나상민: 형님! 형님! 이제 가시는 겁니까?

강증산: 내가 가긴 어딜 가겠느냐. 나는 항상 네 곁에 있다. 너와 함께 살고 있다. 네 마음이 한결같은데 내가 어디로 간단 말이냐. 독하게 살아야 한다. 세상이 이렇게 악독한데, 성(聖)만 가지고 되겠느냐. 영웅의 기개로 살아야 할 것이다. 너는 내 사랑하는 제자다. 장기판의 졸(卒)처럼

한 발 한 발 힘차게 내디디며 살거라. 졸(卒) 장
부(丈夫)가 사실은 대장부다. 잊지 말거라.

나상민: 형님……. 아! 아! 하늘님, 하늘님.

그분은 소리 없이 점점 멀어져 갔다.

나상민: 하늘님! 이제야 당신의 참뜻을 조금은 헤아리
게 되었나이다. 그동안 세속에 뒤엉켜 안일하
게 살아온 저를 일깨워주시니, 감사하고 감사
할 따름입니다. 이제 전 하늘님의 천지공사의
정신을 이 땅에 구현하는 혁명가로 거듭날 것
입니다. 사람 노릇을 하며 참사람[眞人]으로
살겠나이다. 하늘님! 당신의 바다와 같은 사랑
에 감읍할 따름입니다. 영원한 생명이신 하늘
님, 늘 당신과 함께 영원한 삶을 살겠습니다.

강증산은
살아 있다

나는 얼마 전, 불법 현수막 철거 일을 하다 최근 들어 그 일을 그만두었다. 입찰업체의 고용 행태가 문제였다. 여러 가지로 근로 조건이 처음에 이야기한 것과 달랐다. 함께 일하던 분이 그만두는 바람에 나도 덩달아서 일을 그만두게 되었다. 업체 쪽에서도 별로 아쉬워하는 것 같지 않았다. 이제야 백수 생활을 벗어나나 했는데, 집에서 놀자니 심히 괴롭다. 노느니 염불한다는 심정으로 글을 썼고, 이 책은 그 결과물이다. 간혹 내 주변에서는 이렇게 말한다. 돈도 안 되는 책을 왜 자꾸 내느냐고. 개인적인 만족을 위해서 책을 내는 건지, 아니면 세상 사람들에게 읽히기 위해서 책을 내는 건지 모르겠다고 물어보는 경우도 있다. 블로그를 만들어서 글을 올려도 되는데, 왜 굳이 비싼 돈을 들여가며 종이책을 만드느냐고 말하는 사람도 있다. 다 나를 걱정해서 하는 충고라고 생각한다. 나는 그때마다 이렇게 말해 주었다.

"저는 블로그를 할 줄 모릅니다. 그걸 친절하게 가르쳐 주는 사람도 없습니다. 제가 글을 쓰고 책을 내는 것은 재미와 보람 때문입니다. 제가 좋아서 재밌어서 또 보람을 느끼기 때문에 합니다. 물론 제가 종이책을 내지 않으면, 돈은 들지 않겠지요. 하지만 저는 제가 좋아하는 일을 하면서 살고 싶습니다. 제가 하고 싶은 것을 하지 못하고 산다면, 제가 살아 있다고 말할 수 있습니까?"

그랬더니, 결국 그는 네가 하고 싶은 걸 하면서 살라고 하더군요.

다만, 경제적인 면도 철저하게 준비해 가면서 살라고 했다.

솔직히 책을 내는 과정이 마냥 즐겁지만은 않다. 세심하게 신경을 많이 써야 그나마 책이 나오기 때문이다.

나는 책을 통해 나를 표현하고 싶었다. 나를 표현하고 싶어서 책을 낸 것이다. 물론 세상 사람들이 내 책을 읽고 공감해 준다면 더없이 감사할 따름이다. 인생에 답은 없다. 성숙한 삶의 과정이 있을 뿐이다. 이젠 누구를 만나도 가슴 뛰는 일이 별로 없다. 내 삶에 다시 모험이 필요함을 절실하게 느낀다. 삶에 찌든 그만그만한 사람들의 이야기에 난 이제 완전히 질려 버렸다. 차라리 죽을 결심으로 모험을 하고 싶다. 근래에 난 술과 커피를 끊었다. 여색도 끊었다. 다만, 생태공원에서 운동을 하며 삶의 긴장감을 놓치지 않으려 노력하고 있다.

강증산에 대한 이야기를 듣고자 한 사람이라면, 이 책을 보고 조금은 실망할 수도 있으리라. 사실 이 글은 내가 지어낸 것이다. 만약 그가 나를 만나준다면 이런 이야기가 오고 가지 않았을까, 라는 생각이 들었다. 어쩌면 이 글은 강증산의 이야기가 아니요, 필자의 이야기일 것이다. 나는 하늘에 떠 있는 강증산을 땅에 발을 디디게 하고 싶었다. 나는 동학(東學)을 비롯하여 우리나라의 민족종교에 많은 관심을 가져왔다. 하지만 수십 년을 공부하면서 안타깝게 여겼던 것은 그저 이런 종교를 믿거나 연구하는 분들이 현실 세계를 바꾸려 하지 않는다는 것이다. 그러니까 예를 들어 동학이면 그 동학의 참뜻을 바로 알아 삶에 응용하지 않는다는 것이다. 결국, 종교는 사람이 인간답게 잘살아보자는 것 아닌가. 자구 해석이나 동학이라는 것 자체에 연연하기보다는 본래의 취지를 잘살려 살기 좋은 세상을 만들어 보자는 것이다. 내가 이 책에서 이야기하고 싶었던 것이 바로 이것이다. 이 책이 본래 증산의 천지공사 사상과 다를 수도 있다고 생각한다. 그럴 가능성도 있다. 하지만 나는 이런 작업이 강증산을 세상 사람들이 이해하는 데 도움을 줄 수 있다고 본다. 나는 성인들을 종교적 숭배의 대상으로 박제화하는 것에 반대한다. 강증산이 나요, 내가 강증산이라는 심정으로 하루하루를 치열하게 살아가고 싶다. 그것이 기존의 조직 종교의 틀에서 신앙하는 증산교인들에게 불쾌감을 준다고 해도 말이다.

쓰고 싶었다. 미치도록 글이 쓰고 싶었다. 그리고 책이 나왔다. 처음이 힘들지, 한 번 책을 내고 나니, 계속 또 글을 쓰고 책을 낼 수 있었다. 기분이 좋았다. 재미도 있었고, 일단 무료하게 지내는 것에서 뭔가 창조적인 일을 한다는 기쁨에 신이 났다. 물론 책이 많이 팔리진 않았다. 처음엔 약간 실망했지만 상관없다. 이게 나다. 내 인생이다. 증산교를 믿으면서 언젠가부터 나는 내가 이 사회에서 '소수파'라는 걸 뼈저리게 절감했다.

고교 시절엔 원하지도 않는 기독교 학교에서 예배당에 가야 했고, 학급에선 하고 싶지 않은 대표기도도 해야 했다. 수치스러웠다. 인간적인 모욕감도 느꼈다. 난 속으로 외쳤다.

'왜? 나에게 이런 기도를 강요하는가? 나는 기독교도가 아니다!'

난 이제야 그것이 종교적 제국주의요, 신학적 제국주의임을 깨달았다. 아! 나는 이제야 제국주의가 무엇인지를 조금은 이해하게 되었다. 그래서 이젠 조금 더 주체적이고 자주적으로 살리라 다짐했다.

내 어머니는 가톨릭 신앙을 하고 계신다. 하지만 내가 증산교도로서 청수를 모시지 않으면 어머니가 나를 대신해서 청수를 모셔 주신다. 나는 어머니의 이런 개방된 신앙 정신을 몹시 존경한다. 내가 청수를 모시지 않으면 청수를 모시라고 하시는 어머니의 종교 정신을 나는 사랑하지 않을 수 없다. 그리고 무엇보다도 묵묵히 내가 쓴 책을 꼼꼼히 읽으시고 격려를 아끼지 않으시는 어머니께 난 늘 감사한다. 든든한 혁명동지를 꼽으라면 나는 내 어머니를 이야기하지 않을 수 없다.

그러함에도 불구하고 결국 인생은 홀로 가는 거다. 누구도 자기 자신을 대신해 살아주는 이는 없다. 강증산은 대동세계(大同世界)를 꿈꾸었다. 모두가 하나 되어 사는 세상을 꿈꾸었다. 하지만 실제로 현실에서는 나의 뜻과 일치하는 사람을 거의 만나기가 힘들다. 그만큼 이 세계는 분열되어 있다. 아니, 어쩌면 내가 세계로부터 분리되어 살고 있는지도 모르겠다. 각자가 따로따로 자기가 살고 싶은 대로 사는 것, 이것이 오늘날 한국 자본주의사회의 현실이다. 이런 사회에서 나는 어쩌면 내가 하고 싶은 일만 하면서 살아왔는지도 모르겠다.

그리고 누군가에게 고마움을 표하는데도 인색했던 것 같다. 이제는 좀 많이많이 감사한다고 표현하면서 살고 싶다.

마지막으로, 도서출판 지식공감의 모든 분들께 감사드린다. 나는 이분들과 함께 책을 내면서 무척 행복했다. 다 내가 강증산에게 복 받은 덕분이라고 생각한다.

삶이 계속 이어지는 한, 나는 계속 책을 낼 것이다. 물론 밥벌이도 열심히 할 것이다. 누가 뭐래도 나는 자유인(自由人)이다. 그냥 내가 좋아하는 일을 계속하면서 살고 싶다. 단지 그뿐이다.

‖ 참고문헌 ‖

하늘 아래 새로운 것은 없다고 한다. 강증산에 대한
책을 내면서, 이 말을 여러 차례 실감했다. 책을 쓰면서
일일이 언급하기 힘들 만큼 많은 자료를 뒤져 보았고, 읽
어 보았다. 그렇지만 이 책에 실린 내용은 주로 저자의
사색과 고뇌가 짙게 밴 결과물임을 밝히는 바이다. 여기
에서는 직접 이 책을 내는 데 도움을 받은 자료들만 참
고자료로 언급하고자 한다.

이상호, 『대순전경』 11판, 증산교본부, 1991.

증산도도전편찬위원회, 『증산도도전』, 대원출판사, 2006.

박영호, 『다석사상으로 본 유교(儒敎)』, 두레, 2002.

표영삼, 신영우 감수, 『표영삼의 동학 이야기』, 도서출판 모시는 사람들, 2014.

나상민, 『증산 강일순과 동학』, 도서출판 지식공감, 2016.

나상민, 『증산 강일순, 개벽을 말하다』, 도서출판 지식공감, 2016.

나상민, 『해원상생의 종교가, 증산 강일순』, 도서출판 지식공감, 2016.

최진석, 『인간이 그리는 무늬』, 소나무, 2015.

박노자·김건, 『나는 복지국가에 산다』, 꾸리에, 2013.

김수행, 『마르크스가 예측한 미래사회』, 한울아카데미, 2015.

카를 카우츠키, 강신준 옮김, 『프롤레타리아 독재』, 한길사, 2006.

증산 강일순이 꿈꾼
새로운 사회

초판 1쇄   2017년 02월 20일

지은이   나상민
발행인   김재홍
편집장   김옥경
디자인   이유정, 이슬기
마케팅   이연실

발행처   도서출판 지식공감
등록번호   제396-2012-000018호
주소   경기도 고양시 일산동구 견달산로225번길 112
전화   02-3141-2700
팩스   02-322-3089
홈페이지   www.bookdaum.com

가격   8,500원
ISBN   979-11-5622-267-5   03100

CIP제어번호   CIP2017002990
이 도서의 국립중앙도서관 출판예정도서목록(CIP)은 서지정보유통지원시스템
홈페이지(http://seoji.nl.go.kr)와 국가자료공동목록시스템(http://www.nl.go.
kr/kolisnet)에서 이용하실 수 있습니다.